D1455953

Estrategias Para Enseñar Ciencias y Sociales en Español

Por

Gloria Patricia Mohammad

authorHOUSE™

1663 LIBERTY DRIVE, SUITE 200
BLOOMINGTON, INDIANA 47403
(800) 839-8640
WWW.AUTHORHOUSE.COM

© 2005 Gloria Patricia Mohammad. Derechos reservados

Ninguna parte de este libro puede ser reproducida, ni archivada en un sistema de recuperación, tampoco puede ser transmitida, ni grabada por ningún medio electrónico o mecánico, sin permiso escrito del autor.

Publicado por primera vez por Authorhouse 10/21/05

ISBN: 1-4208-6744-X (sc)

Biblioteca del Congreso numero regulador: 2005905712

Impreso en los Estados Unidos de América

Este libro se imprime en papel libre de ácidos.

TABLA DE CONTENIDO

ENSEÑANDO SOCIALES Y CIENCIAS EN ESPAÑOL

Cuando los estudiantes usan su idioma natal para obtener, procesar, construir y proveer información oral en las áreas de ciencias y sociales tienen más oportunidad de alcanzar los estándares del estado.

- Los estudiantes desarrollan el lenguaje oral y escrito en su idioma natal, mientras aprenden el lenguaje académico.
- Los estándares de la ciudad o del estado sirven como base para desarrollar unidades temáticas que pueden ser conectadas a otras áreas.

Los estudiantes aprenden sobre estudios sociales y sobre ciencias a través del periodo de español usando los componentes del taller de lecto-escritura.

- Lectura en voz alta. La maestra provee un modelo de lectura fluida.
- Lectura compartida. Promueve conciencia sobre el texto y aumenta la comprensión.
  - ✓ Poesía sobre diferentes culturas o la naturaleza.
  - ✓ Libros grandes de ciencias y sociales
- Lectura guiada. La maestra promueve estrategias de lectura.
- Lectura independiente. Apoya el desarrollo de la escritura y promueve el amor a la lectura. Extiende la experiencia a otros géneros literarios.

Los estudiantes practican las estrategias apropiadas para construir y aplicar su conocimiento académico, usando su idioma natal, durante el taller de escritura.

- Escritura interactiva. Estudiante y maestra componen una pieza juntos.
- Escritura compartida. La maestra modela las estrategias de escritura.
- Escritura independiente. Desarrolla entendimiento sobre los diferentes usos de la escritura. Apoya el desarrollo de la lectura.

Estrategias Para La Instrucción En Español

La premisa de este argumento es la de facilitar a los estudiantes un lenguaje académico efectivo con el uso de diversas estrategias. Los estudiantes no solo aprenden mejor el lenguaje oral y escrito sino que su comprensión también mejora, por lo tanto son capaces de retener la información de una manera más efectiva. Esto les ayuda en el proceso de transferencia de L1 a L2. Con el uso de estas estrategias los estudiantes toman conciencia de su propio aprendizaje y ven la relación entre la estrategia usada y lo aprendido.

Es importante que nuestros estudiantes practiquen estrategias que les ayuden a aprender el lenguaje académico, ya que estas les ayudan a retener la información necesaria para pasar los exámenes de la ciudad y alcanzar las medidas oficiales o estándares del estado. Años de investigación sobre el proceso cognoscitivo de los estudiantes ha comprobado que:

- Los estudiantes activos son mejores estudiantes: los estudiantes que organizan, sintetizan, y relacionan la información adquirida con lo que ya saben, aprenden mejor.

- Los estudiantes que aprenden estrategias y las usan aprenden de una manera más efectiva que los estudiantes que no las poseen.

- El lenguaje académico se aprende más fácilmente usando estrategias. Aprender el lenguaje académico en las áreas de ciencias y sociales facilitará su transferencia a L2.

- Las estrategias aprendidas son transferibles a otras áreas. Estas estrategias serán usadas por los estudiantes en actividades similares y esta transferencia a otras áreas ayuda a que el estudiante mejore su entrenamiento cognoscitivo.

- Los estudiantes aprenden lenguaje académico fácilmente cuando pueden concentrarse en el contenido de la lección, mas no en el lenguaje. La idea de que hay que esperar a que nuestros estudiantes aprendan inglés para enseñarles contenido es equivocada además de injusta.

COMO USAR LAS ESTRATEGIAS

Las estrategias a continuación pueden ser usadas con diferentes lecciones de ciencias o de sociales para ayudar a los estudiantes a comprender el material más fácilmente. A través de años de experiencia he podido comprobar que cuando uso el periodo de español para enseñar ciencias y sociales, los estudiantes adquieren el conocimiento y el lenguaje académico que tanto necesitan, además de la confianza en si mismos.

Algunas estrategias como chequear las fotografías o dibujos y predecir, funcionan mejor antes de la lectura, otras, tales como sintetizar, o resumir son más efectivas después de la lectura. Cada estrategia debe de ser demostrada antes de ser aplicada a los estudiantes. Presente los libros relacionados con el tema e introduzca el vocabulario relacionado con la unidad, además asegúrese de seleccionar libros que estén al nivel apropiado de lectura de los estudiantes. Para despertar curiosidad pegue etiquetas en las canastas según su contenido y colóquelas al alcance de los estudiantes Anímelos a que descubran por si mismos datos curiosos.

Busque temas atractivos para que los estudiantes desarrollen interés, amor por el aprendizaje, y pasión por la lectura. Tenga en cuenta que las estrategias a continuación pueden ser usadas con diferentes lecciones y que el objetivo principal de estas es el de facilitar el aprendizaje académico.

Es importante planear junto con los maestros de ciencias y de sociales para discutir las técnicas de instrucción, las estrategias educativas y el lenguaje que va a ser presentado en la lección. Estas estrategias son seleccionadas de acuerdo a la unidad temática, siempre tratando de hacer actividades que sean atractivas y que promuevan el interés estudiantil. El proceso de aprendizaje en las clases bilingües debe poseer continuidad, ser apropiado para el grado y debe incluir tópicos de interés relacionados con las culturas y países de los estudiantes.

Cuando a nuestros estudiantes se les enseñan estrategias durante el periodo de español, ellos ponen mas atención al material que se les esta enseñando porque no encuentran dificultades en tratar de comprender el idioma. Los estudiantes tienen tiempo para repasar lo aprendido y practicarlo en su idioma natal. Las actividades y los materiales ayudan a que estos asimilen más fácilmente el contenido y el vocabulario nuevo y transfieran estos conocimientos a L2.

Siempre presente los libros antes de comenzar una unidad temática. Por ejemplo, explique que los autores quieren que su audiencia entienda el contenido del libro y las estrategias que ellos utilizan para lograrlo. Infórmeles que los autores de no ficción siempre tienen un plan para que nosotros entendamos el texto mas fácilmente.

Usar estrategias tales como pensar en voz alta ¡es excelente! Hágase preguntas ¿Qué información importante hay en ésta página? ¿Está el autor informándonos acerca de lo que vamos a aprender? ¿Cuál es el estilo del autor? O use la estrategia de mostrar las fotografías y leer los pies de foto para generar interés y curiosidad en los alumnos. Ahora si lo que esta comenzando es una unidad sobre reportes genere una lista con sus elementos para ayudar a los estudiantes a crear uno y no se olvide de usar una red de palabras nuevas e importantes para la comprensión del texto. Es muy importante que los estudiantes desarrollen conceptos claros y lenguaje académico en español.

Por último, fíjese si la estrategia que usó mantuvo el interés de los estudiantes, si les gustó el texto, o si se presentaron dificultades con el uso de esta. También promueva discusiones en pequeños grupos. Recuerde, siempre enseñe con entusiasmo y afecto.

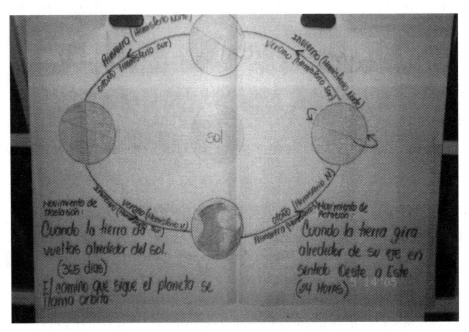

Guías de ayuda para el estudiante. Movimientos de la tierra y partes de la tierra.

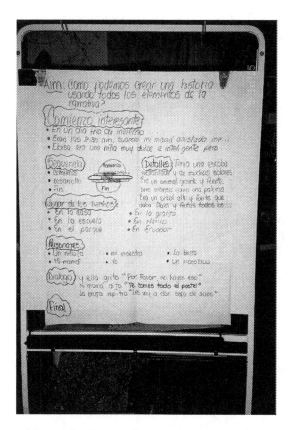

Los estándares del estado sirven a la maestra como guía para preparar las lecciones y a los estudiantes para enfocarse en sus metas académicas.

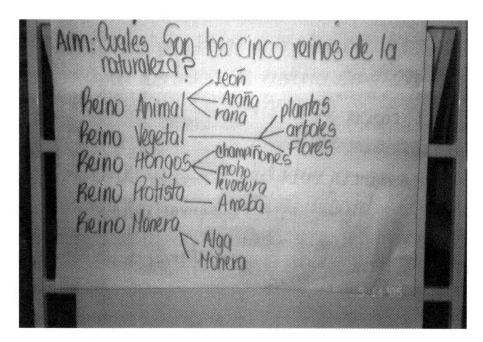

Lección sobre los cinco reinos de la naturaleza. El colocarla en un lugar visible sirve como guía de trabajo para los estudiantes.

LISTA DE ESTRATEGIAS

- Activar conocimientos previos.
  - ✓ Antes de una lección es muy importante averiguar los conocimientos previos de los estudiantes a base de preguntas. Esta estrategia es esencial para lograr que los estudiantes construyan en base a lo que ya saben.

- Hacer listas de ideas.
  - ✓ Acostumbre a los estudiantes a usar un cuaderno de escritura para colectar datos importantes e interesantes, o semillas de ideas que serán usadas y desarrolladas con todo tipo de escritura.

- Hacer predicciones, ver resultados y sacar conclusiones:

PREDICCIÓN	RESULTADO	CONCLUSIÓN
1. La planta que tiene suficiente luz va a crecer más rápido y más fuerte. 2. La planta que esta en la oscuridad va a crecer débil.	La planta sin luz murió.	Las plantas necesitan luz y agua para crecer.

- Planear los pasos a seguir durante un trabajo o tarea.
  - ✓ Usar las notas de dos columnas:

TEMA: Ciclos de vida   **PLAN DE ESCRITURA**

Dato #1:   Los árboles, los sapos, las mariposas tienen diferentes ciclos

Dato #2:   Los árboles nacen de semillas y cambian según las estaciones

Dato #3:   Los insectos nacen de huevos, también los sapos nacen de huevos.

- Identificar vocabulario nuevo. Use terminología adecuada cuando está demostrando una estrategia. Pida a los estudiantes que practiquen el vocabulario nuevo durante la mini lección con el compañero que está a su lado. El lenguaje académico provee un salto hacia la instrucción más avanzada.

  - ✓ Agrege las nuevas palabras a la pared de vocabulario de uso frecuente. y explique su significado. Lealas y pida a los estudiantes que construyan frases.
  - ✓ Palabras portátiles. Utilice fólderes para colocar en orden alfabético las palabras nuevas y acomode uno en cada mesa o grupo. Esta estrategia les ayudará a editar sus trabajos y les dará acceso inmediato a la palabra cuando no estén seguros de como se deletrea.

- ✓ Palabras magnéticas. Fabrique palabras usando cinta magnética y utilícelas como un centro de adquisición de lenguaje en el cual los estudiantes tendrán la oportunidad de practicar el vocabulario nuevo.
- ✓ Identificar palabras afines al inglés (Cognates) Estas son las palabras que los estudiantes transferirán más rápidamente a L2 por su semejanza a L1. Ejemplos:

ESPAÑOL	INGLES	SIGNIFICADO
Liquido	Liquid	
Sólido	Solid	
Planta	Plant	
Opinión	Opinion	
Conclusión	Conclusion	
Geografía	Geography	
Diagrama	Diagram	
Causa	Cause	
Efecto	Effect	

- Organizar ideas en secuencia:
  - ✓ Libros en relieve. (Pop-up books).
    - o Use una palabra de secuencia por cada página para motivar a la escritura: Al comienzo, después, luego, finalmente.
  - ✓ Reparta diferentes partes del texto entre grupos. Provéales pedazos grandes de papel de carnicería y pídales que incluyan ilustraciones con etiquetas más la información. Luego forme un libro gigante para uso de la clase.

Ejemplo:	<u>**Los Peregrinos**</u>.
Primer grupo:	Vida en Inglaterra.
Segundo grupo:	Viaje en el "Mayflower"
Tercer grupo:	Nueva Inglaterra.
Cuarto grupo:	Día de Acción de Gracias.

✓ Platos de secuencia:

    ○ Use platos desechables para que los estudiantes organicen la información en círculo. Ejemplos:

        ➢ El ciclo de vida de las aves

        ➢ El ciclo de vida de los anfibios.

        ➢ El ciclo de vida de los insectos.

        ➢ La metamorfosis de la mariposa

✓ Frases recortadas de un párrafo: Copie y recorte frases de un párrafo de un libro de no ficción y deje que los estudiantes se encarguen de poner en secuencia las frases recortadas. Esta estrategia mejora su comprensión.

✓ Líneas de tiempo: Primero los estudiantes construyen una línea de tiempo basada en sus vidas, desde que nacieron hasta su edad actual. Pueden incluir fotografías o dibujos. Una vez que entiendan el concepto de la línea de tiempo usaran esta estrategia con biografías, inventos, o eventos históricos.

• Notas autoadheribles: (Sticky notes) Esta estrategia sirve para cuando los estudiantes se reúnen en grupos de literatura y quieren hablar sobre los cambios en el comportamiento de los personajes, o para discutir acerca de la técnica del autor. Las notas pegantes también sirven para marcar las páginas del libro con preguntas:

    ✓ ¿Qué hay de interesante en este capítulo?

    ✓ ¿Qué vocabulario nuevo hay?

    ✓ ¿Qué información importante hay?

    ✓ ¿Qué técnica está usando el autor?

    ✓ ¿Por qué el personaje actuó de esta manera?

    ✓ ¿Qué evento importante hay en esta página?

- Escribir resúmenes por 5 min. e ir incrementando el tiempo hasta adquirir "resistencia"

  ✓ Usar los primeros minutos de la mañana para escribir sobre un tema libre mientras se chequean las tareas. Con el tiempo advertirá que los estudiantes escriben con más ganas y sobre diferentes cuestiones.

- Repetir ideas principales oralmente: Después de leer uno o dos párrafos los estudiantes deben de parar para reflexionar sobre la lectura y repetir los conceptos principales. Esto facilitará su comprensión y asimilación.

- Usar imágenes mentales para aprender nueva información: Durante la lectura en voz alta, pida a los estudiantes que cierren sus ojos mientras se les lee pasajes descriptivos de sitios lejanos, o de animales que jamás han visto.

- Planear, monitorear y evaluar su propio progreso académico.

  ✓ Es muy importante que los estudiantes evalúen su avance académico y así tomen conciencia sobre su propia educación con el uso de rúbricas o tablas de logros las cuales les ayudan a medir su progreso. Emplee las listas de chequeo para planear instrucción y compartir información específica con los maestros de ciencias y de sociales.

- Circulo de lectores. Los estudiantes pueden entablar conversaciones relacionadas con la lectura, hablar sobre los autores y sus obras. ¿En qué temas se asemejan? ¿Qué técnica ha usado el autor? ¿Cuál es el estilo del autor? ¿Qué otros libros he leído similares a este? ¿Qué me recuerda éste libro? ¿Qué aprendí con la lectura?

✓ Referencia para responder:

- o Estoy de acuerdo…

- o Estoy en desacuerdo porque…

- o En mi opinión…

- o Yo pienso que…

- o Estoy un poco confundido/a…

- o ¿Podría repetir lo que dijo?

- o Estoy pensando que…

- o ¿Por qué piensa eso?

- Usar materiales de referencia, tales como diccionarios y enciclopedias.

- Clasificar palabras, terminología o conceptos de acuerdo a sus atributos.
  - ✓ Mapas de palabras o definiciones:
    - o ¿Qué es? (categoría)
    - o ¿Cómo es? (propiedades)
    - o ¿Cuáles son algunos ejemplos? (ilustraciones)

Producto lácteo: Queso	
	Suave, cremoso, blanco.
Queso crema, mozzarella	
	Ilustración:

- Asociar la lectura. Hacer conexiones.
  - ✓ Libro→ Libro
  - ✓ Libro→ Mundo
  - ✓ Libro→ Experiencia propia

- Organizar las unidades temáticas en secuencia para facilitar la comprensión.

UNIDAD TEMÁTICA	FOCO EXPERTO	ESTRATEGIA
Descubrimiento de América	España, Cristóbal Colon, exploradores.	Mapas, diagramas de Venn, marcos de historia.
Los Peregrinos	Inglaterra, religión, libertad, colonias.	Líneas de tiempo, mapas, diagrama de Venn.

- Tomar notas y reflexionar sobre lo escrito. Acostumbre a sus estudiantes a tomar notas mientras usted lee. Esto les ayudará a discriminar entre lo importante y lo interesante.

TEMA: NATIVOS AMERICANOS   **NOMBRE:** _____

IMPORTANTE	INTERESANTE
Algunos nativos vivían en tipis porque eran fáciles de armar y desarmar. Ellos eran cazadores de búfalos y como los búfalos se movían de un lado a otro buscando pastizales los nativos les seguían porque dependían de estos para sobrevivir.	Las mujeres y los niños eran los encargados de armar y desarmar los tipis.

- Usar mapas semánticos.
  - ✓ Mapas de opinión y evidencia.

MAPA DE OPINIÓN-EVIDENCIA

George Washington

OPINION	EVIDENCIA EN LA LECTURA
1. George Washington simboliza la fuerza y el coraje que llevó a las colonias de la revolución a la independencia.	George Washington, por Keith Brandt. Página 25. Sin la paciencia ni el liderazgo del general Washington la revolución hubiera terminado en pérdida para América.
2.George Washington es uno de los presidentes más recordados	George Washington, por Keith Brandt. Página 30. Ha habido muchos presidentes en los Estados Unidos, pero ninguno ha sido tan respetado y amado como el hombre que ha sido justamente llamado "El padre de la patria".
3.	
4.	

GUIA DE PROBLEMA-SOLUCIÓN

La historia de Rosa Parks

1. ¿Cuál fue el problema?	En diciembre 1, de 1955 Rosa salió cansada del trabajo y se sentó en las sillas delanteras del bus, lo cual estaba prohibido. Ella fue a la cárcel.
2. ¿Cuáles fueron las causas?	En esta época los negros no tenían ningún tipo de derecho y existía mucha desigualdad entre blancos y negros.
3. ¿Cuáles fueron los efectos?	En diciembre 5 del mismo año, los negros boicotearon el transporte público en Montgomery.
4. ¿Cuáles fueron las soluciones?	Meses más tarde y gracias a Rosa Parks y a Martin Luther King los negros tuvieron derecho a sentarse en cualquier silla del bus.

✓ Marcos de contenido

CIENCIAS

TEMA: Arañas_____   **NOMBRE**: _____

NOMBRE Y DIBUJO	HABITAT	CARACTERÍSTICAS FÍSICAS	HABITOS Y DEFENSA
Viuda Negra	Lugares oscuros	Negra	Venenosa.
Tarántula		Puede medir hasta 10 pulgadas de ancha. Es peluda	La que vive en EEUU no es venenosa.
Araña de agua	Agua	Café oscura	Espera dentro de su telaraña respirando de las burbujas de aire
Araña cangrejo	Vive en las flores	Cambia de amarillo a blanco según la flor.	Espera en la flor hasta que se acerque un insecto.
Araña de pasto			
Araña lobo	Vive bajo las piedras o túneles.	Café clara	Caza insectos que pasan cerca.

HISTORIA AMERICANA

TEMA: <u>Guerra de Independencia Americana</u>

NOMBRE: _____

Evento Histórico:	La independencia Americana.
Personas, grupos, o países envueltos:	Estados Unidos Inglaterra George Washington
Lugar / Época / Tiempo	Época de la colonia 1775-1783
Resolución / Consecuencias	América adquirió su independencia América es una democracia.
Opinión	Pienso que gracias a esto somos un país libre.

- Usar diagramas, tablas, o gráficas. Cree una "tienda" con cajas desocupadas de alimentos. Haga un libro con los estudiantes usando estos productos como base. Incluya logos e ilustraciones y provea información gráfica de estos productos para que los estudiantes puedan comparar datos.

- Hacer una lista de lo que sabemos, de lo que queremos aprender y de lo que aprendimos
  - ✓ Marco de lo que sé, lo que quiero aprender y lo que aprendí

MARCO *S-Q-A*

TEMA: <u>LOS VOLCANES</u>　　　　**NOMBRE**:＿＿＿＿＿＿＿＿＿＿

Lo que sé	Lo que Quiero Aprender	Lo que Aprendí
Los volcanes son peligrosos. En Japón hay muchos volcanes	¿Cómo se forman los volcanes? ¿Cómo se forman los lagos en el cráter?	Los lagos se forman en el cráter cuando la lava endurecida sella las aberturas del volcán.

- Usar listas de datos. Haga un banco de datos según el tema en el cual los estudiantes puedan agregar información a medida que la aprenden.
- Repasar en voz alta la información es una estrategia efectiva. Demuestre como se analiza el texto de un libro no ficción.
  - ✓ Lea un párrafo, cierre el libro y piense en voz alta. Ejemplo:
  "Después de leer este párrafo sobre volcanes, entiendo como se forma la lava. Cuando el magma sale por las aberturas que unen las placas tectónicas desde el manto." Pregúntese **¿Tiene esto sentido?**
  Abra nuevamente el libro, lea otro párrafo, cierre el libro y demuestre la estrategia una vez más. Anímelos a tratarla cuando lean independientemente.
- Palabras en contexto. Enséñeles a analizar las palabras alrededor de una nueva para averiguar su significado. Provea ejemplos de las palabras en frases completas.
- Repetir la lectura del texto para mejorar la comprensión.
- Hacer preguntas para clarificar conceptos.
  - ✓ Taxónoma de Bloom.
    - o Describa, defina, explique, compare, clarifique, discuta, evalúe, identifique, concluya, elabore, organice, resuma, o resuelva.
  - ✓ Los estudiantes pueden obtener respuestas a las preguntas directamente de la información presentada: ¿Quién, cómo, cuándo, dónde, por qué y para qué?

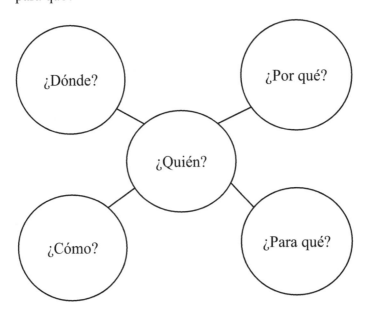

- Trabajar en grupos cooperativos.
  - ✓ Centros: se pueden usar bolsas temáticas o canastas con libros. Dentro de estas se debe colocar: material de referencia, libros, diccionarios y tarjetas con las preguntas e instrucciones. Para establecer rutinas y objetivos claros enumere las bolsas o canastas para fácil acceso y rotación entre los grupos. Esta estrategia es ideal, porque promueve independencia, comunicación, responsabilidad, y confianza en si mismos.
- Trabajar en parejas buscando información y coleccionando datos. Es una buena estrategia para promover cooperación, paciencia, sensibilidad, y responsabilidad.
- Enseñar a los estudiantes a usar de la tabla de logros o rúbrica como guía.
- Escribir diariamente en el diario de escritura.
- Anotar los libros leídos en el fólder de lectura.
- Usar los carteles de la mini-lección como referencia.
- Hacer trabajos manuales relacionados con la unidad de estudio.
- Leer los trabajos en voz alta ayuda a los estudiantes a romper la brecha entre el lenguaje escrito y el oral, además de darles la oportunidad de describir su experiencia usando el lenguaje académico aprendido.
  - ✓ Durante los últimos cinco minutos del taller de lectura y escritura los estudiantes podrán compartir sus logros.
- Hacer informes, periódicos, artículos informativos, o libros de instrucciones, siguiendo los estándares de la ciudad. Se recomienda proveer a los estudiantes los marcos de ciencias o de sociales según el tema para comenzar a reunir datos durante el inicio de la escritura. Anímelos a trabajar independientemente.
  - ✓ ¿Qué necesitamos incluir en un informe?
    - o Título/ Portada.
    - o Introducción
    - o Notas sobre el autor.
    - o Tabla de contenido.

- Capítulos.
- Diagramas, dibujos y etiquetas.
- Fotografías y pies de foto
- Glosario.
- Índice.

✓ ¿Cuáles son los pasos para crear un periódico?
- Entender los componentes de un artículo.
- Identificar el qué, cómo, cuándo, dónde, y el por qué de la noticia.
- Escribir datos y detalles en secuencia.
- Saber usar la pirámide invertida: De la noticia más importante a la menos importante.
- Saber crear titulares llamativos.

✓ ¿Qué debemos incluir en un libro de instrucciones o procedimientos?
- Introducción.
- Lista de materiales.
- Instrucciones.
- Dibujos.
- Etiquetas.
- Palabras de secuencia.

✓ ¿Cómo es la estructura de un ensayo persuasivo?
- Primer párrafo: Idea central tratando de persuadir al lector, sea para leer un libro, comprar un producto o defender una opinión.
- Segundo y tercer párrafo: se deben usar para apoyar la idea principal usando ejemplos relevantes.
- Cuarto y demás párrafos: se deben usar ideas subordinadas, las cuales son desarrolladas y defendidas resultando en un ensayo de párrafos múltiples.

- Los estudiantes comenzarán a reconocer las estrategias como herramientas para su aprendizaje. **LOS REPRODUCIBLES SE ENCUENTRAN AL FINAL DEL LIBRO.**

TALLER DE LECTO-ESCRITURA

Durante el taller de idioma natal, es importante conservar el formato de lectura y escritura balanceada, lo cual incluye:

- Una mini-lección explícita de 5 a 10 minutos. Durante este periodo de tiempo enseñe y demuestre al grupo entero una estrategia.

- La mini-lección siempre está relacionada con la unidad de estudio actual.

- La mini-lección es parte del currículo anual para lectura y escritura.

- Demuestre la actividad. Prepárelos para la actividad antes de mandarlos a trabajar independientemente.

- Deje que los estudiantes practiquen la estrategia o actividad. Mientras ellos trabajan independientemente de 25 a 30 minutos, usted trabaje con un grupo pequeño que comparta las mismas dificultades reforzando una estrategia, o individualmente chequeando el progreso individual de un estudiante. El propósito de las conferencias es:

  - ✓ Analizar los conocimientos previos del estudiante.
  - ✓ Evaluar individualmente el contenido aprendido.
  - ✓ Observar y documentar las palabras que los estudiantes escriben o usan durante la comunicación oral.
  - ✓ Determinar que estrategias está usando el estudiante.
  - ✓ Notar si el alumno esta haciendo conexiones entre el texto y los diagramas y las fotos.
  - ✓ Identificar lo que el estudiante sabe y lo que necesita aprender.
  - ✓ Introducir una nueva estrategia o practicar otra.
  - ✓ Proveer apoyo.

- Los estudiantes comparten lo aprendido. Tiempo para compartir y cerrar la lección de 5 a 7 minutos. Enfatice en el proceso de razonamiento que se siguió.

La mini- lección de cinco a diez minutos sirve

para demostrar una estrategia.

La lectura en grupo ayuda a mejorar la fluidez y la comprensión.

La lectura compartida mejora la comprensión.

La lectura en voz alta promueve fluidez.

La lectura guiada promueve estrategias de lectura.

Una de las estudiantes compartiendo su trabajo al cierre de la lección.

ARQUITECTURA DE UNA CONFERENCIA EN ESPAÑOL

AVERIGUE:

- ✓ ¿En qué estas trabajando hoy?
- ✓ ¿En qué has tenido dificultad?
- ✓ ¿Qué te ha parecido lo más simple?
- ✓ ¿Qué te ha gustado de este tema?

MOTIVE:

- ✓ ¡Este comienzo esta bastante interesante!
- ✓ ¡Incluiste las palabras nuevas relacionadas con el tema!
- ✓ ¡Tienes bastantes datos!
- ✓ ¡Tus dibujos están estupendos!
- ✓ ¡Incluiste una gráfica!
- ✓ Haga preguntas relacionadas con la **lectura** para determinar la comprensión del estudiante.

ENSEÑE:

- ✓ Demuestre. Diga:
- ✓ Mira como encuentro información buscando en la tabla de contenido.
- ✓ Mira como trato de entender la información usando las fotografías.
- ✓ Seria buena idea agregar una gráfica a esta información. Mira como lo hago.
- ✓ Es muy importante agregar etiquetas para facilitar la comprensión.

PREGUNTAS PARA USAR DURANTE LA CONFERENCIA

PREGUNTAS SOBRE EL AUTOR:

- ¿Quién es el autor?
- ¿Cuál es el mensaje del autor?
- ¿Qué tuvo que aprender el autor para poder escribir este libro?
- ¿Está el autor escribiendo acerca de su vida?
- ¿Por que crees que el autor escribió este libro?
- ¿Haz leído otros libros por este mismo autor?
- ¿Es el estilo de este autor parecido al de otro autor?

PREGUNTAS SOBRE EL ESTILO DEL AUTOR

- ¿Cuál es el estilo del autor?
- ¿Qué palabras especiales usa el autor para ayudar a su audiencia a ver, a oír, a saborear, y a oler lo que el escribe?
- ¿Qué imágenes mentales ha formado el autor en tu mente?
- ¿Qué palabras especiales usa el autor para describir los personajes, o las cosas?
- ¿Cómo describe el autor el comportamiento de los personajes?
- ¿Te gusta este autor?
- ¿Entiendes el mensaje del autor?
- ¿Te gustaría aprender más sobre este tema?
- ¿Se parece este libro a otro que hayas leído?
- ¿Qué te gustó acerca de su estilo?
- ¿Hubo algo que te disgustó acerca del estilo del autor?
- ¿Cómo presentó el autor la información? Da un ejemplo.

PREGUNTAS SOBRE LAS ILUSTRACIONES

- ¿Quién es el ilustrador?
- ¿Qué clase de ilustraciones empleó el autor para presentar la información? (diagramas, fotografías, mapas, gráficas, dibujos, tablas etc.)
- ¿Por qué son importantes las ilustraciones?
- ¿Cómo te parecen las ilustraciones?

- ¿Te ayudaron a comprender el texto?
- ¿Crees que son apropiadas para el texto?
- ¿Cambiarías o agregarías una ilustración?
- ¿Fueron claras las explicaciones del pie de foto? ¿Las entendiste?
- ¿Qué ilustraciones o fotografías fueron las mejores? ¿Por qué?

PREGUNTAS ACERCA DEL CONTENIDO

- ¿De qué se trata este libro?
- ¿Te sirvió el título para darte una idea del tema?
- ¿Qué aprendiste?
- ¿Qué datos te parecieron interesantes? ¿Por qué?
- ¿Qué clase de investigación tuvo que hacer el autor para poder escribir este libro?
- ¿Qué información te gustaría compartir con alguien más?
- ¿Necesitas averiguar más sobre el tema? ¿Por qué?

PREGUNTAS ACERCA DE LA ESTRUCTURA DEL TEXTO

- ¿Usaste la tabla de contenido o el índice? ¿Para qué?
- ¿Qué estrategias usaste para encontrar la información?
- ¿Te ayudaron los títulos y subtítulos a encontrar información?
- ¿Cómo esta organizada la información?
    - ✓ Tabla de contenidos
    - ✓ Capítulos
    - ✓ Orden de eventos
    - ✓ Compara algo
    - ✓ Explica
    - ✓ Presenta un problema
    - ✓ Expone una idea principal y los detalles de soporte

PREGUNTAS SOBRE LOS PERSONAJES

- ¿Quién es el personaje principal de la historia?
- ¿Cuáles son los personajes secundarios?
- ¿Hay más de un personaje principal? ¿Por qué?

- ¿Cómo son los personajes?, descríbelos.
- ¿Cómo son las acciones de los personajes?
- ¿Qué piensas acerca del comportamiento de los personajes? ¿Son buenos o malos? Explica.
- ¿Conoces a alguien que se comporte como alguno de los personajes?
- ¿Afectó alguna acción de los personajes a otro? ¿Cómo?

PREGUNTAS SOBRE EL LUGAR DE LOS HECHOS

- ¿En dónde ocurrieron los hechos?
- ¿Cómo es este lugar? Descríbelo.
- ¿Cuándo ocurrió la historia? ¿En qué época? ¿Hay algún tiempo específico?
- ¿Haz estado en un lugar parecido? ¿Te gustaría estar en un lugar así?
- ¿Cuándo sucedió esta historia: en el pasado, recientemente, en el futuro? ¿Cómo lo sabes?
- ¿Qué parte de la historia describe mejor el lugar en donde ocurrieron los hechos?
- ¿Qué clase de atmósfera crea el autor?
- ¿Qué palabras usa el autor para describir el lugar?
- ¿Es este un lugar real o ficticio?

PREGUNTAS ACERCA DEL ARGUMENTO

- ¿Cuál fue el evento más importante de la historia?
- ¿Cuáles fueron las ideas secundarias?
- ¿Cómo comienza la historia?
- ¿Cómo se desarrolla la historia?
- ¿Cuál es el evento que desencadena el final?
- ¿Cómo finaliza la historia?
- ¿Cuál evento te pareció más importante? ¿Por qué?
- ¿Cuál evento te pareció más interesante? ¿Por qué?
- ¿Cuál fue el problema y cómo se resolvió?
- ¿Qué personaje causa más problemas? ¿Por qué?
- ¿Qué personaje sufre más por los problemas? ¿Por qué?
- ¿Hubo algún personaje que resolvió los problemas? ¿Quién?
- ¿Cambiarias el final de la historia? ¿Por qué?

PIEZAS PARA EL PORTAFOLIO

NOMBRE: _____

CLASE: _____

GRADO: _____

CRÍTICAS LITERARIAS:

_____

_____

_____

_____

REPORTES:

_____

_____

_____

_____

NARRATIVAS-ENSAYOS:

_____

_____

_____

_____

PROCEDIMIENTOS:

_____

_____

_____

INCLUYA:

- o Fecha en que fue escrita la pieza.
- o Título de la pieza

EL SALÓN DE CLASE

- Establezca una rutina que facilite la movilización de estudiantes y materiales en el salón de clase.
- Escriba las reglas de comportamiento junto con los estudiantes y mantenga las rutinas desde comienzo del año.
- Conserve una biblioteca etiquetada. Pida a su principal o al distrito una guía para etiquetar libros en español.
- Agregue canastas con libros variados y de diferentes niveles en cada mesa. Asegúrese de incluir diferentes tipos de texto y rote las canastas semanalmente.
- Cree un sistema como el de la biblioteca pública en clase. Proporcióneles 5 libros por semana en una bolsa plástica con cremallera, e incluya una hoja de record de lectura para la casa y un cuaderno para reflexionar sobre lo leído.
- Nombre monitores semanalmente. Encárguelos de chequear el cambio de libros semanalmente, de revisar tareas, de cambiar el calendario, de llevar la cuenta de los días que llevan en la escuela y de señalar la temperatura en la gráfica del tiempo.
- Mantenga libretas de diferentes colores por mesa, para que el líder de cada mesa o grupo lleve el inventario diario de tareas.
- Mantenga los libros de ciencias, geografía e historia separados en canastas y etiquetados por grado de dificultad.
- Codifique los fólderes de lectura y escritura. Instrúyalos sobre como llevar un récord de lectura en clase y un fólder de escritura "en progreso" en el cual se guardan piezas que no están listas para ser publicadas ni para ser guardadas en el portafolio como muestra final de una unidad.
- Use los portafolios para chequear el progreso académico del estudiante a través del año escolar. Incluya dos reportes, dos procedimientos, un ensayo narrativo, un artículo persuasivo, y uno informativo.
- Agregue una canasta etiquetada con las piezas publicadas por los estudiantes al alcance de ellos, así comprenderán que escriben para una "audiencia".
- Cree una comunidad de aprendizaje en la cual los niños se sientan cómodos de hacer preguntas o de contestarlas. Anímelos a participar en su aprendizaje.

- Exponga los trabajos de sus estudiantes alrededor del salón y cambielos mensualmente para incrementar interés y orgullo por las piezas expuestas.

- Establezca un área de encuentro para las mini-lecciones. Incluya un tapete suficientemente grande para sentar a los niños cómodamente y una pizarra magnética y de marcadores.

- Asegúrese de brindar a los estudiantes la oportunidad de leer independientemente en cualquier sitio cómodo del salón de clase. Mantenga cojines al alcance de los estudiantes.

- Prepare el material antes de las lecciones, así mantendrá la atención de los estudiantes y no perderá tiempo precioso de instrucción.

- Haga que cada estudiante se sienta especial y seguro.

- Incluya una tabla de logros o rúbrica según el tema o unidad de estudio que le sirva de guía a los estudiantes

- Ponga la lista de los estándares que se están siguiendo en un lugar visible y en un lenguaje comprensible a los estudiantes.

- Provea la clase con un centro de ciencias. Incluya piedras de diferentes tamaños, conchas, lupas de diferentes tamaños, baterías, cables eléctricos, bombillos, linternas, espejos, goteros, vasos plásticos, plastilina, sorbetes, globos, hilo, sal, vinagre, bicarbonato de soda, bórax, pegamento, tazas para medir, cucharas de medir, platos desechables, papel aluminio y otros objetos que se puedan usar para pequeños experimentos, además de muchos libros Ayude a que sus estudiantes piensen como científicos.

- En el centro de sociales incluya mapas del mundo, mapas de diferentes países, mapas de la ciudad, mapas de las rutas del tren o del bus, mapas de diferentes parques, panfletos turísticos de países y estados los cuales puede adquirir en cualquier agencia de viajes, un globo terráqueo, revistas especializadas, muchos libros sobre presidentes, los nativos, derechos civiles, historia y demás

Fólderes codificados para medir el progreso
académico de los estudiantes

Biblioteca etiquetada

Biblioteca de español, organizada según el grado de dificultad, libros
grandes, poesía, libros de capítulos, y la caja rodante de no ficción.

Campaña de lectura anual. Tarjetas de diferentes colores son usadas para llevar el récord de lectura de los estudiantes según el género literario.

Campaña de lectura anual. Tarjetas de diferentes colores son usadas para llevar el récord de lectura de los estudiantes según el género literario.

EL SENTIDO DEL GUSTO

Meta: ¿Para qué que nos sirve el sentido del gusto?

Objetivos: El propósito de la mini lección es que a través de la lectura, observaciones y experimentos los estudiantes lleguen a la conclusión de que el sentido del gusto es tán importante como todos los demás.

Materiales:

- Lupas
- Espejos
- Modelo tri-dimensional de la boca
- Libro 'El gusto" por Maria Rius
- Q-tips
- Un limón, sal, azúcar y vinagre.

Procedimiento:

Antes de leer el libro "El gusto" pregunte a los estudiantes:

- ¿Qué han comido hoy?
- ¿Cuáles son sus comidas favoritas?
- ¿Cómo sabemos si algo esta salado o dulce, muy amargo o muy agrio?
- ¿Qué órgano nos ayuda a empujar la comida hacia el estómago, después de haberla masticado? imagínense lo que sucedería si todos los alimentos tuvieran el mismo sabor.

Informe a los estudiantes que van a leer un libro de ciencias acerca del gusto por lo cual pertenece al género de no- ficción.

Actividad:

Los estudiantes tendrán la oportunidad de hacer un **mapa gustativo** de la lengua, experimentando con diferentes sabores y observando con lupas las lenguas de sus compañeros, o en un espejo su propia lengua.

- Distribuir 4 Q-tips por alumno, un limón, una cucharadita de sal, un poco de miel, y una cucharada de vinagre por grupo para que experimenten con los sabores.

- Los buenos científicos observan las cosas que estudian detenidamente, haga que sus estudiantes escriban en el diario sus observaciones acerca de la lengua. Asegúrese que incluyan un dibujo o un mapa gustativo de la lengua que contenga el lugar en donde se encuentran las papilas gustativas según en donde hayan sentido el sabor.

Cierre delalección:

- Al final de la actividad los estudiantes tendrán la oportunidad de compartir sus observaciones, sus mapas gustativos y sus descubrimientos.
- Los estudiantes sabrán contestar la meta de la lección.

Extensión:

- Los estudiantes harán los modelos tri-dimensionales de la boca y le agregarán etiquetas a las diferentes papilas gustativas de la lengua.
- Los estudiantes escribirán sobre lo que sucedería si perdiéramos el sentido del gusto.

Escritura:

- Contestar: ¿Cómo afecta una gripe el sentido del gusto?
- Repasar el vocabulario aprendido usando el mapa de palabras.
- Hacer un reporte incluyendo los otros sentidos.

Lectura:

- Lectura independiente:
    - ✓ "Cuándo como" por Isidro Sánchez
    - ✓ "La visita del señor azúcar" adaptado por Harriet Rohmer y Cruz Gómez de un show de marionetas originalmente producido por el departamento de salud y nutrición con el propósito de informar a los trabajadores del campo en California.
- **Extensión a otras áreas académicas:**

Pirámide alimenticia:

- ✓ Los estudiantes aprenderán a combinar los alimentos de los cinco grupos.
- ✓ Los estudiantes aprenderán a clasificar comida.
- Los diferentes sistemas del cuerpo humano.
- Plantas.
- Granjas

- ✓ Avícolas
- ✓ Agrícolas
- ✓ Ganaderas
- ✓ Lecheras
- Frutas y vegetales provenientes de diferentes regiones
- Comidas típicas
  - ✓ ¿Cuál es la comida de la cafetería más popular?
  - ✓ ¿Cree usted que los sabores de las comidas dependen de sus colores? Represéntelo gráficamente.
  - ✓ ¿Cuáles son los sabores de helados preferidos por la clase?

Estándares de ciencias:

S5F: Trabaja independientemente y en equipo para colectar y compartir información e ideas.

S8G: Demuestra competencia científica al completar un diseño.

Uno de los estudiantes mostrando
el modelo de tres dimensiones

PLANTAS

Meta: ¿Para qué nos sirven las plantas?

Objetivos:

Los estudiantes compararán los tamaños, el color, y la textura de diferentes semillas. También observarán, predecirán y registrarán información acerca del crecimiento de las semillas y aprenderán acerca del ciclo de vida de las plantas.

Materiales:

- Semillas
- Lupas
- Vasitos plásticos
- Libros acerca de las plantas
- Diario de escritura.

Procedimiento:

- Con anterioridad pida a los estudiantes que guarden las semillas de las frutas o vegetales que consuman durante esa semana, así entenderán la conexión que existe entre lo que consumen y lo que las plantas producen.

- Enseñe algunos de los textos sobre plantas, muéstreles las fotografías y lea los pies de foto para generar curiosidad.

  - ✓ ¿Qué información podemos aprender de esta pagina?
  - ✓ ¿Qué sé sobre las plantas?
  - ✓ ¿Son todas las plantas iguales?
  - ✓ ¿Para qué sirven las plantas?
  - ✓ ¿En dónde se encuentran las semillas?
  - ✓ ¿Para qué sirven las semillas?
  - ✓ ¿Cómo presenta este autor la información?

- Cree una telaraña de palabras nuevas para que los estudiantes desarrollen conceptos claros y aprendan palabras nuevas.

- Explique el uso de etiquetas, fotos, pies de fotos, gráficas, y dibujos.

- Divida a los estudiantes en grupos.
- Provea los estudiantes con diferentes semillas.
- Pase las lupas y pídale a los estudiantes que comparen las semillas
- Anime a los estudiantes que usen su diario para registrar el tamaño, la textura y el color de las semillas por medio de dibujos.
- Promueva el uso de etiquetas con los dibujos.
- Fomente el uso de gráficas.
- Pida a los estudiantes que escriban sus observaciones acerca de las semillas
- Solicíteles que preparen un plan de acción para sus reportes.

Cierre de la lección:

- Solicite a algunos estudiantes que compartan sus observaciones y diagramas.
- Los estudiantes sabrán contestar la meta de la lección.

Extensión:

- Pida a los estudiantes que siembren sus semillas en los vasitos plásticos y que los etiqueten con el nombre de la semilla.
- Sugiérales que registren el crecimiento de la semilla a diario.
- Indique a los estudiantes como comparar el progreso de las semillas.

Extensión a otras áreas:

- Las plantas pertenecen a uno de los reinos. ¿Cuáles son los otros?
  - ✓ Haga un libro en relieve con los diferentes reinos. (Pop-up book).
- ¿Qué es un ciclo de vida? Explique el ciclo de vida de una mariposa.
- Compare el ciclo de vida de una mariposa y una polilla.
  - ✓ Diagrama de Venn.

Escritura:

- Hay diferentes clases de plantas. ¿Cuáles son algunas de ellas?
  - ✓ Hacer un reporte incluyendo todos sus elementos.
- Escriba un procedimiento para el ciclo de vida de una planta, usando palabras que indican secuencia: Primero, segundo, tercero, cuarto, después, enseguida, finalmente.

Lectura:

- Lectura independiente.
    - ✓ "Las plantas" escrito por Collin Walter
    - ✓ "Los árboles frutales" por Isidro Sánchez
    - ✓ "Mi jardín" por Irene Godoy
    - ✓ "La vida sobre la tierra" por Maria Rius

Estándares de Ciencias:

S2B Demuestra entendimiento sobre los ciclos de vida.

El ciclo de vida de las plantas

comienza con una semilla.

PAN, PAN, PAN

Meta: ¿Por qué es el pan una comida tan importante?

Objetivos:

- Promover el pensamiento acerca del rol de la comida en las vidas de la gente.
- Desarrollar entendimiento acerca del pan como una comida básica en diferentes culturas.
- Considerar las diferentes formas del pan.
- Aprender acerca de todos los ingredientes del pan y como estos reflejan la geografía.
- Aprender acerca de las diferentes maneras de hacer pan en diferentes regiones.
- Aplicar los elementos de un procedimiento narrativo.

Materiales:

Diferentes tipos de pan:

Bagels

Pita

Pan francés

Pretzels

Matzo

Tortillas

Galletas de soda

Pan tajado

Procedimiento:

- Explíqueles que va a leerles un libro el cual habla de las diferentes clases de pan que hay en el mundo.
- Discuta las siguientes preguntas con ellos.
  - ✓ ¿De dónde viene su pan favorito?

- ✓ Pídales que piensen en otras comidas que son igualmente importantes para la gente alrededor del mundo. Algunos estudiantes identificarán la leche, el maíz, el arroz, y la carne.
- ✓ Pregúnteles: ¿Cómo se hace el pan?
- • Exhiba los panes y permita que los estudiantes los prueben.
- • Explíqueles que el pan es una de las comidas más antiguas hechas por el hombre.
- • Coménteles que hace cientos de años el pan era hecho con agua y granos de maíz machacados y calentados en rocas calientes, a diferencia de ahora que se hace con harina, bicarbonato de soda y levadura.
- • Léales la historia de "Pan, pan, pan" y haga una lista de palabras descriptivas para que los estudiantes puedan utilizarlas como referencia.
- • Cree otra lista con los diferentes tipos de pan o de semillas.

Actividad:

- • Pida a los estudiantes que escriban 3 párrafos tratando de persuadir al lector a comer el pan de su preferencia o que evalúen la calidad de un producto derivado del trigo.
- • Los estudiantes deberán:
  - ✓ Atraer la atención del lector
  - ✓ Desarrollar la idea principal creando una opinión o dictamen.
  - ✓ Crear una estructura organizada.
  - ✓ Incluir argumentos apropiados
  - ✓ Excluir información irrelevante.
  - ✓ Apoyar sus argumentos usando evidencias de la lectura.
  - ✓ Mencionar fuentes de información apropiadas.
  - ✓ Proveer un cierre a la escritura.

Culminación de la lección:

- • Pida a algunos estudiantes que compartan su escritura.
- • Los estudiantes podrán contestar la meta de la lección.

Extensiones:

- Leales "La gallinita Roja" y explíqueles el proceso desde la siembra de la semilla de trigo hasta el horneado del pan.

- Haga un experimento con un poco de agua y levadura e invíteles a que escriban sus observaciones y a que incluyan los dibujos correspondientes.

- Leales la historia "Muchos tamales" de Gary Soto y pídales que hagan una conexión con una experiencia personal.

- Creen una pirámide alimenticia con sus diferentes grupos usando recortes de revistas.

Estándares de Ciencias:

S8A Demuestra competencia científica al completar un experimento.

S4C Demuestra entendimiento sobre la salud personal.

Celebrando el Cinco de Mayo. Los estudiantes comieron tostadas e hicieron tacos con tortillas mejicanas. La celebración terminó con la ruptura de la tradicional piñata.

COMO HACER UN LIBRO DE INSTRUCCIONES

Meta: ¿Cómo escribimos un libro de instrucciones después de realizar experimentos?

Objetivos:
- Los estudiantes aprenderán a escribir procedimientos dentro del género de la narrativa y todos sus elementos, mientras realizan experimentos de ciencias.
- Los estudiantes leerán libros de experimentos y aprenderán las características de los libros de ciencias.
- Los estudiantes escribirán los pasos que siguieron durante el experimento usando palabras que indican secuencia.

Procedimiento:
- Pregunte a los estudiantes:
  - ✓ ¿Cuál es su rutina diaria?
  - ✓ ¿Quién ha preparado un platillo usando recetas de cocina?
  - ✓ ¿Quién puede explicar como se juega un juego de dómino?
  - ✓ ¿Quién sabe como preparar una ensalada?
- Cree una lista de palabras de secuencia a medida que van explicando.
- Muéstreles un libro de experimentos página por página. Lea la introducción y pregúnteles:
  - ✓ ¿Cómo presenta este autor la información a su audiencia?
  - ✓ ¿Qué incluye este autor en su libro para hacer la lectura más comprensible?
    - o fotos, pies de foto, diagramas, dibujos, lista de materiales, números, palabras que indican secuencia, etc.

Materiales:
- Libros de experimentos
- Materiales para experimentos simples
- Diario de escritura.

Actividad:

- Pida a los estudiantes que escriban un plan de acción para escribir un libro de instrucciones.
  - ✓ Lista de estrategias a usar con el procedimiento: introducción, dibujos, fotografías, etiquetas, lista de materiales, pasos a seguir.
- Concédales un poco de tiempo para buscar un experimento sencillo.
- Provea materiales y supervisión para los experimentos.
- Solicite a los estudiantes que usen las palabras de secuencia en la lista:
  - ✓ Primero, segundo, tercero, cuarto, quinto, luego, más tarde, más adelante, después, finalmente, por último.

Culminación de la lección:

- Los estudiantes realizarán presentaciones orales y explicarán los pasos que siguieron para realizar el experimento.
- Los estudiantes podrán contestar la meta de la lección.

Extensión:

- Los estudiantes podrán usar sus conocimientos sobre libros de instrucciones para:
  - ✓ Hacer un libro de los experimentos realizados por la clase.
  - ✓ Crear un libro de instrucciones sobre juegos.
  - ✓ Escribir un libro de instrucciones matemáticas. Como por ejemplo:
    - o Cuales son los pasos a seguir para realizar una multiplicación o una división.

Estándares de Ciencias:

S5F Trabaja individualmente y en grupo para coleccionar y compartir ideas e información

S6C Adquiere información de diferentes fuentes tales como experimentos, o textos.

S7C Comunica información pertinente al propósito y a la audiencia.

S8A Demuestra competencia científica al completar un experimento.

Experimento sobre el sonido.

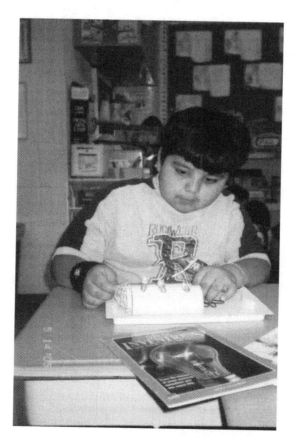

Haciendo circuitos eléctricos.

LA CHINA

Meta: ¿Por qué celebran los chinos el año nuevo en una fecha diferente?

Objetivos:

- Darle a los estudiantes la oportunidad de entender la cultura China.

- Los estudiantes entenderán sobre las diferencias entre culturas, religiones y días de fiesta de la China y de nuestros países.

- Los estudiantes aprenderán sobre el compás, el sismógrafo, el ábaco, la seda, la imprenta y otros inventos provenientes de la China.

Materiales:

- Libros de no-ficción sobre la China

- Cuentos, leyendas e historias de la China

Procedimiento:

- Averigüe qué tanto saben los alumnos sobre la China.

- Haga dos columnas en el papel. Un lado titúlelo "Lo que sé" y al otro lado "Lo que quiero aprender"

- Escriba todos los comentarios de los estudiantes junto con sus nombres en el papel de referencia bajo la columna de "Lo que sé"

- Después escriba todas sus preguntas y sus nombres bajo la columna "lo que quiero aprender"

- Discuta la importancia de la cultura China. Lea "Con un baile y un rugido" por Standford Makishi.

- Pregúnteles después de la lectura:

  ✓ ¿Qué baile se interpreta en el año nuevo chino?

  ✓ ¿Cómo se sienten las personas cuando ven la danza del león?

  ✓ ¿Cuál es el origen de la tradición de la danza del león?

  ✓ ¿Para qué se hace la danza del león durante el año nuevo chino?

- Explíqueles que van a aprender más sobre la China usando diferentes centros de aprendizaje durante la semana.

Actividad:

- Aliste los centros portables o cajas temáticas relacionadas con la China. Estas cajas serán rotadas diariamente hasta que todos los grupos hallan tenido la oportunidad de trabajar con todos los centros. Asegúrese de que cada caja contenga libros relacionados con el tema, tarjetas con preguntas, instrucciones claras, y material relacionado con la unidad de trabajo.

  ✓ Caja #1
    - ¿En dónde queda la China?
    - ¿Cuál es su capital y sus ciudades principales?
    - ¿Cómo es la geografía de la China? (ríos, montanas, limites)
    - ¿Cómo es su bandera? ¿Qué significan sus colores y estrellas?
    - Dibujen el mapa, localicen la capital, las ciudades principales, ríos, montañas y fronteras usando los símbolos apropiados.

  ✓ Caja #2
    - ¿En qué consiste el calendario lunar?
    - ¿Cómo es el calendario chino?
    - ¿Cuántos animales existen en el calendario y qué representan cada uno de ellos?
    - ¿Cada cuanto se repite cada animal?
    - ¿Qué animal eres tú según el calendario chino?

  ✓ Caja #3
    - ¿En dónde vive el oso panda? ¿En qué parte de la China?
    - ¿De qué se alimenta el oso panda? ¿Esta en vías de extinción?
    - ¿Cómo se defiende el oso panda? ¿Cómo se reproduce?
    - ¿Qué otros animales son originarios de la China?

  ✓ Caja #4
    - ¿Qué inventos provienen de la China?
    - Explique el proceso de fabricación de la seda.
    - ¿Cómo trabaja el compás y cuál es su función?
    - ¿Para qué sirve el ábaco? ¿Cómo se usa?

✓ Caja #5

- ¿Cuándo se celebra el año nuevo chino?
- ¿Cómo celebran los chinos el año nuevo?
- ¿Cuáles son sus tradiciones?
- ¿Cuál es el simbolismo del dragón?
- ¿Qué otras fiestas o festivales se celebran en la China?

✓ Caja #6

- Compare y contraste en un diagrama de Venn las historias de Lon Po Po y Caperucita Roja y las de la Cenicienta y la Cenicienta China Yehn-Shen

✓ Caja #7

- ¿Qué dinastía construyó la muralla China? ¿Qué tan larga y alta es?
- ¿Cuál fue su propósito? ¿Por qué es importante?
- ¿Quién fue Chi'n Shih Huang Ti?

✓ Caja #8

- Escoja alguna de las siguientes historias y redáctela en forma de noticia:
  - ➤ Cleversticks por Bernard Ashley
  - ➤ Tikki Tikki Tembo por Arlene Mosel
  - ➤ La Séptima Hermana por Cindy Chang
  - ➤ El Espejo Chino por Mirra Gingsburg
  - ➤ La Dama de la Luna por Amy Tang
  - ➤ Ming Lo Mueve la Montaña por Arnold Lobel
  - ➤ Los siete Hermanos Chinos por Margaret Mahy
  - ➤ Sopa de Piedras por Marcia Brown

- Agrupe los estudiantes de a cuatro. Provea a cada grupo con un centro portátil por día. Bríndeles la oportunidad de compartir al final de cada día.

- El día del año nuevo chino invite a sus estudiantes a vestir de rojo, el color de suerte chino, y reparta los sobres rojos chinos de año nuevo.

- Durante la hora del almuerzo reparta palitos chinos e invítelos a comer con ellos. Cuando regresen a la clase pídales que compartan su experiencia o que escriban unas instrucciones sobre cómo usar los palitos.

En la unidad sobre la China los estudiantes estudian su historia, geografía, costumbres y cultura.

Estudiantes comiendo galletitas de arroz usando palitos chinos.

EXPLORANDO LA BIBLIOTECA DEL CONGRESO

Meta: ¿Que información podemos obtener al estudiar documentos legales?

Objetivos:

- Los estudiantes entenderán la importancia de la biblioteca del congreso.
- Los estudiantes aprenderán a analizar documentos históricos a través de preguntas.

Materiales:

- http://www.loc.gov/ Biblioteca del congreso
- http://www.memory.loc.gov/ Documentos y fotografías.
- http://memory.loc.gov/ammem/ndlpedu/ Página de aprendizaje.
- http://scriptorium.lib.duke.edu/eaa/browse.html Propagandas del pasado.
- http://www.americaslibrary.gov/cgi-bin/page.cgi/jb América
- http://lcweb2.loc.gov/ammem/mcchtml/corhome.html Historia.
- http://memory.loc.gov/ammem/award98/ienhtml/curthome.hml Nativos
- http://memory.loc.gov/ammem/ndlpedu/features/timeline/index.html/ Líneas de Tiempo
- http://lcweb2.loc.gov/cgi-bin/query/r?ammem/mcc@field(DOCID+lit(mcc/051)) Álbum de fotografías de la guerra civil.

Procedimiento:

- Escoja una página de Internet y organice una actividad por lección.
- Esta biblioteca puede ser utilizada para analizar documentos legales, obtener información, visitar las exposiciones a través del Internet y para saber lo que sucedió **Hoy** en el mundo.
- Esta unidad puede durar el año entero y es ideal para preparar a los estudiantes para el examen de estudios sociales del estado.

Actividad:

- Antes de compartir estas paginas del Internet con los estudiantes, explore las muchas opciones además del contenido. Demuestre como analizar estos documentos preguntando el qué, cuándo, dónde, por qué y para qué.

- Utilice las imágenes para enseñarles como observarlas con ojo crítico. ¿Qué veo? ¿Qué oigo?

- Si están analizando propaganda o comerciales del pasado compárelos y contrástelos con los presentes. Chequee las diferentes categorías con cada colección y lea los avisos. Escoja el tema que le interesa estudiar.

- Hay muchas actividades para hacer usando la biblioteca del congreso, incluyendo el analizar el álbum de fotos de la guerra civil. Saque copias de las actividades y distribúyalas entre los estudiantes, estudien las tarjetas, pregúntense ¿Cuál fue la importancia de este personaje? ¿Por qué creen que lo/a incluyeron en el álbum?

- Para estudiar los diferentes grupos de nativos americanos, imprima unas cuantas fotografías, pégueles una tarjeta detrás con las siguientes preguntas: ¿Quién esta en la fotografía? ¿Quién tomó la fotagrafia? ¿Qué muestra la fotografía? ¿Qué tribu representa? ¿Cuándo se tomó la fotografía? ¿Por qué le tomaron esta fotografía? ¿Para qué?

Cierre de la lección:
- Pida a los estudiantes que compartan la información aprendida a través de debates.
- Los estudiantes aprenderán a analizar documentos históricos usando la biblioteca del congreso.

Extensión a otras áreas:
- Símbolos americanos.
- Presidentes y primeras damas.
- Postales y estampillas
- Noticias de pasado.
- Inmigración.
- Inventos.
- Ropa y costumbres
- Trabajo infantil en América.

LOS PLANETAS

Meta: ¿Qué hay en nuestro cielo?

Objetivos:

- Los estudiantes aprenderán acerca de los planetas.
- Los estudiantes se instruirán acerca de la astronomía.
- Los estudiantes se informarán acerca de nuestro sistema solar.

Materiales:

- Libros sobre planetas.
- Dibujos de los planetas
- Cartulina negra
- Lana
- Cuaderno de escritura

Procedimiento:

- Explique la teoría evolutiva del "Big Bang" o gran explosión.
- Aclare que algunos científicos creen que el universo se inició hace millones de años con una gran explosión y que se sigue expandiendo.
- Pregunte:
    o ¿Cuál es el más grande?
    o ¿Cuál es el más pequeño?
    o ¿Cuál esta más cerca del sol?
    o ¿Cuál esta más lejos del sol?
    o ¿De qué están formados los planetas?

Actividad:

- Pida a los estudiantes que formen 9 grupos.
- Proporciónele un número a cada miembro del grupo. Uno, dos, o tres.

- Solicíteles que se reúnan todos los números uno, todos los números dos y todos los números tres.
- Adjudíquele un planeta a cada grupo.
- Indíqueles que tienen que buscar todos los datos importantes acerca de este planeta hasta que sean "expertos".
- Devuélvalos a sus grupos originales.
- Pídales que compartan información sobre los nueve planetas y que anoten la información en sus cuadernos.

Cierre de la lección:
- Solicite que algunos estudiantes compartan algunos datos interesantes sobre los planetas.

Extensión:
- Los estudiantes armarán un sistema solar usando las copias de los planetas y la cartulina negra y la lana o hilo, colocándolos en orden según su distancia al sol.
- Use tarjetas con preguntas para repasar la información aprendida.
- Los estudiantes estudiarán el planeta tierra.
  - ✓ Modelo y partes de la tierra
  - ✓ Volcanes y cráteres.
  - ✓ La tierra, sus criaturas y plantas.

Estándares de ciencias:

S2D Demuestra entendimiento de cambios en el tiempo.

S3B Demuestra entendimiento de objetos en el cielo.

S5F Trabaja individualmente y en grupos para reunir y compartir información e ideas.

¿CUANTO PESAMOS EN OTROS PLANETAS?

Nombre: _____

PLANETA	GRAVEDAD	PESO EN LA TIERRA	NUEVO PESO
MERCURIO	.37 X		
VENUS	.90 X		
TIERRA	1.00 X		
MARTE	.38 X		
JÚPITER	2.64 X		
SATURNO	1.13 X		
URANO	.89 X		
NEPTUNO	1.13 X		
PLUTÓN	.06 X		
LUNA TERRESTRE	.17 X		

REALICE LAS OPERACIONES NUMÉRICAS:

¿QUIEN SOY YO?

DIA #1

Meta: ¿Quién soy yo?

Objetivos:

- Los estudiantes crearán un poema sobre ellos usando palabras descriptivas.
- Los estudiantes aprenderán sobre ellos mismos y sobre su cuerpo.

Materiales:

- Proyector
- Transparencia
- Cartulina de diferentes colores
- Tijeras

Procedimiento:

- Ponga una transparencia en el proyector con su perfil y fuera de ella escriba palabras descriptivas que la definan.
- Pida a los estudiantes que colaboren con las palabras.
- Comience a crear el poema con la ayuda de los estudiantes usando las palabras descriptivas.

Actividad:

- Reparta a cada estudiante una cartulina de color para que con la ayuda del proyector dibujen su perfil.
- Pídales que fuera del perfil escriban todas las palabras que los definen.
- Solicíteles que creen un poema dentro del perfil usando las palabras descriptivas.

Cierre de la lección:

- Invite a que algunos estudiantes compartan sus poemas.
- Cuelgue los poemas de perfil alrededor del salón para promover autoestima.

¿QUIEN SOY YO?

DIA # 2

Meta: ¿Qué hay dentro de mi cuerpo?

Objetivos:

- Los estudiantes aprenderán sobre los diferentes sistemas del cuerpo humano.
- Los estudiantes comprenderán la relación entre los diferentes sistemas.
- Los estudiantes entenderán la importancia de una buena alimentación.

Materiales:

- Crayones, colores o marcadores.
- Papel de carnicería
- Materiales de collage.
- Libros sobre el cuerpo humano.

Procedimiento:

- Para promover reflexión haga las siguientes preguntas:
  - ✓ ¿Cómo viaja la comida alrededor de nuestro cuerpo?
  - ✓ ¿Qué sucede cuando respiras?
  - ✓ ¿Cuál es la función de la sangre?
  - ✓ ¿Por qué necesitamos los huesos?
  - ✓ ¿Cuál es la función del cerebro?

Actividad:

- Forme los estudiantes en grupos de cuatro.
- Pida a los grupos que tracen el cuerpo de uno de los estudiantes sobre el papel.
- Solicite que corten dos cuerpos iguales y que coloquen sus nombres en el papel.
- Guarde uno de los papeles (uno de los cuerpos) para la siguiente lección.
- Pida a los estudiantes que piensen sobre lo que hay dentro de sus cuerpos.
- Invíteles a que dibujen los órganos que ellos **creen** que hay dentro del cuerpo y a que los identifiquen con etiquetas.

Cierre de la lección:

- Pida a un grupo que explique como representaron los diferentes órganos de nuestro cuerpo.

DIA #3:

Meta: ¿Cuál es la función de los órganos en mi cuerpo?

Objetivo:

- Los estudiantes reflexionarán sobre la actividad del día anterior.

Actividad:

- Permita que los estudiantes usen libros sobre el cuerpo humano para reunir información y compararla con lo que ellos sabían.

- Pídales que dibujen y etiqueten los diferentes órganos usando la hoja extra de papel de carnicería que han guardado el día anterior.

- Cosa con la grapadora o pegue los dos "cuerpos," el del día #2 y el del día #3 y rellénelos con papel periódico. Etiquéte la cabeza del segundo día con una tarjeta que diga: **LO QUE SABIA** y el del tercer día etiquételo **LO QUE APRENDÍ.**

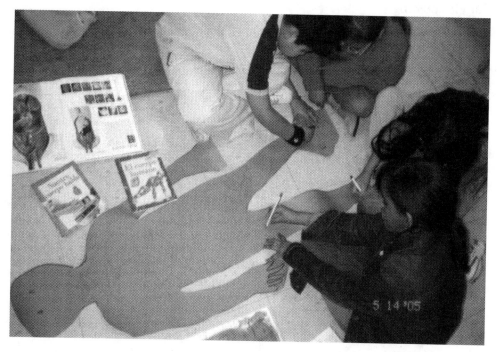

Usando papel de carnicería y trabajando en grupos cooperativos
los estudiantes terminan la última parte del proyecto.

LAS DIFERENTES ZONAS DE TIEMPO EN LOS ESTADOS UNIDOS

Meta: ¿Por qué no es la misma hora en Nueva York que en los Ángeles?

Objetivos:

- Los estudiantes aprenderán a resolver los problemas sobre las diferentes zonas de tiempo.
- Los estudiantes reforzarán sus destrezas con mapas y sus conocimientos sobre las zonas de tiempo en los Estados Unidos.
- Los estudiantes desarrollarán el concepto de tiempo a través de un juego de bingo.

Materiales:

- Mapas de los Estados Unidos con las diferentes zonas del tiempo.
- Relojes de papel.
- Tarjetas de bingo
- Tarjetas con preguntas acerca de las horas.
- Globo terráqueo.
- Linterna

Procedimiento:

- Usando el globo terráqueo y la linterna, explique que el sol no puede alumbrar todo el territorio de los Estados Unidos al mismo tiempo y que a medida que se mueve de este a oeste en cada zona es una hora más temprano que en la anterior.
- Explique la rotación de la tierra alrededor de si misma.
- Usando una transparencia con el mapa de los Estados Unidos localize las diferentes zonas de tiempo.
- Explique la diferencia entre las zonas.

Actividad:

- Reparta a cada niño un mapa con zonas de tiempo en los Estados Unidos, un cartón de bingo con diferentes horas y un reloj de papel.
- Recuérdeles que cuando estén viajando hacia el oeste deben restar una hora cada vez que crucen una zona y que si viajan hacia el este deben sumar una hora cada vez que crucen una zona.
- Dígales que hay tres horas de diferencia entre la costa pacifica y la costa atlántica.
- Comience el juego cogiendo una tarjeta. Léala y asegúrese de que primero encuentren los estados en cuestión.
- Pídales que usen el reloj para determinar la hora en ambos estados.
- Recomiéndeles que revisen su cartón y pídales que coloquen una moneda plástica en la respuesta, si la tienen.
- Ganará el que complete el cartón primero

Cierre de la lección:

- Pida a algunos niños que expliquen lo que aprendieron con el juego.
- Los estudiantes podrán contestar la meta de la lección.

Extensión a otras áreas:

- Mapas mundiales
- Recursos naturales. La flora y la fauna.
- El medio ambiente. Selvas tropicales, sabanas, desiertos, océanos, bosques templados, praderas, bosques de confieras, montañas, y regiones polares.
- Mapas a escala.
- Cómo se hacen los mapas. Para qué sirven y cómo se usan.
- Latitud y longitud.

VOLCANES

Meta: ¿Cómo se forman los volcanes?

Objetivos:

- Los estudiantes aprenderán sobre las capas móviles.
- Los estudiantes entenderán como se forman los volcanes.
- Los estudiantes estudiarán los diferentes tipos de volcanes
- Los estudiantes construirán y etiquetarán un volcán de papel y simularán una erupción con un volcán de plastilina.

Materiales:

- Libros sobre volcanes
- Plastilina, vaso plástico, bicarbonato de soda, pintura vegetal roja y vinagre.

Procedimiento:

- Pregunte a los estudiantes:
  - ✓ ¿Qué es un volcán?
  - ✓ ¿En dónde hay volcanes?
  - ✓ ¿Cómo se forman los volcanes?
  - ✓ ¿Qué sale del volcán?
  - ✓ ¿Son los volcanes peligrosos?
- Explique que la capa externa de la tierra esta formada por capas tectónicas que semejan un rompecabezas, estas como están en continuo movimiento, cuando se juntan una queda bajo otra causando que la roca caliente se derrita y forme el magma. Este magma sale hacia arriba, escapando en forma de lava.
- Usando una bandeja plástica, ponga el vaso plástico en medio. Cúbralo alrededor con plastilina café o verde dándole la forma de un volcán. Échele una cucharada de bicarbonato y unas gotas de pintura vegetal roja por el cráter. Por ultimo agrege ¼ de vinagre y vea como se divierten con la erupción.
- Use el vocabulario correcto: cráter, lava, erupción, gases, ceniza, magma.

Actividad:

- Reparta libros sobre volcanes.

- Pida a los estudiantes fabricar un volcán. Instrúyales a hacer un embudo con un papel e invíteles a que pongan etiquetas a las diferentes partes del volcán.

- En grupos de cinco envíelos a que busquen 10 datos sobre volcanes.

- Una vez que acaben de reunir los datos mándelos a intercambiar datos con otros grupos.

- Por ultimo, instrúyalos a escribir en una tarjeta datos sobre un volcán que les haya llamado la atención y que la peguen junto al volcán que han construido con el papel.

Cierre de la lección:

- Permita que los estudiantes expongan los volcanes y los datos encontrados y que intercambien datos curiosos, tales como los efectos de una erupción sobre el medio ambiente.

Extensión a otras áreas:

- Terremotos, maremotos y otros desastres naturales

- Placas tectónicas y continentes

- El sismógrafo y otros sistemas de alarma.

Meliton y Rolando admirando los volcanes que crearon en su grupo.

EJEMPLOS DE ESTRATEGIAS PARA USAR ANTES, DURANTE Y DESPUÉS DE LA LECCIÓN

ANTES	DURANTE	DESPUÉS
Lista de ideas	Diarios	Trabajos en grupo
Gráficas, tablas, diagramas	Organizadores gráficos	Investigación independiente
Semillas de ideas	Vocabulario nuevo	Conexiones a otras áreas
Discusiones sobre el tema	Lectura independiente	Presentaciones orales
Lo que sé, lo que quiero aprender	Paseos relacionados con el tema. Museos etc.	Lo que aprendí
Conferencia para evaluar el conocimiento individual del niño.	Aprendizaje de los estándares del estado para la lectura y la escritura, combinados con los estándares de ciencias y sociales: -Ensayos persuasivos -Reportes -Procedimientos -Informes.	-Entrevistas -Presentación en grupo -Tabla de logros -Conferencia para evaluar la comprensión individual.

ANÁLISIS DEL PERSONAJE

TÍTULO_____

AUTOR_____

ILUSTRADOR_____

PERSONAJE_____

GÉNERO:

- o **HISTÓRICO**
- o **BIOGRAFÍA**

Amigable_____Tímido

Feliz_____Triste

Inteligente_____Tonto

Generoso_____Egoísta

Trabajador_____Perezoso

Limpio_____Sucio

Honesto_____Deshonesto

Valiente_____Cobarde

Bueno_____Malo

Educado_____Maleducado

Bondadoso_____Cruel

Guapo_____Feo

Rico_____Pobre

Joven_____Viejo

GUÍA ANTICIPATORIA

NOMBRE_____

TEMA_____

Escriba sus predicciones en la columna de ANTES. Después de la lectura escriba cuales de sus predicciones fueron correctas en la columna de DESPUES.

ANTES	DESPUÉS
_____	_____
_____	_____
_____	_____
_____	_____
_____	_____
_____	_____
_____	_____
_____	_____
_____	_____

ANTES	DESPUÉS
_____	_____
_____	_____
_____	_____
_____	_____
_____	_____
_____	_____
_____	_____
_____	_____

MARCO S-Q-A

TEMA_____

NOMBRE_____

1. Lo que sé	2. Lo que quiero saber	3. Lo que aprendí

PLANO DE LA HISTORIA
COMPARE

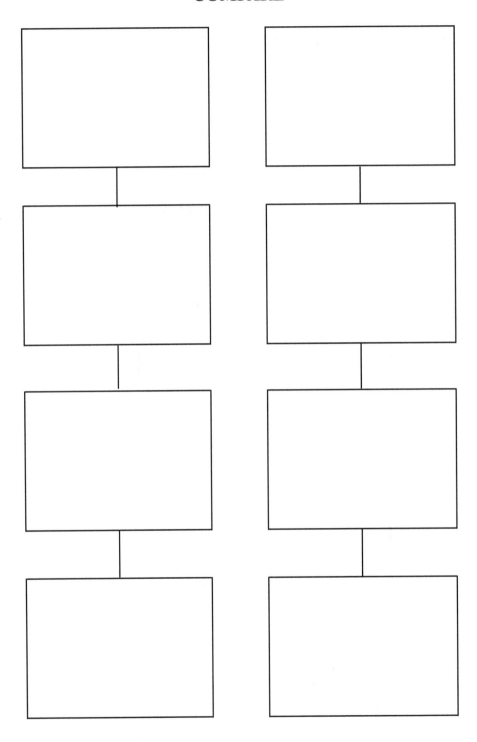

MARCO DE LA HISTORIA

TÍTULO_____

AUTOR_____

GÉNERO_____

SUCESOS MÁS IMPORTANTES:

1._____

_____

_____

_____

2._____

_____

_____

_____

3._____

_____

_____

_____

4._____

_____

_____

_____

MARCO DE LECTURA HISTÓRICA

TÍTULO_____

Autor_____
Lugar de los hechos_____
Tiempo en que transcurre la trama_____
_____

_____
Personajes principales_____
_____
_____

Personajes secundarios_____
_____
_____

Eventos_____
_____
_____
_____
_____

Consecuencias_____
_____
_____

Mi opinión_____
_____
_____
_____
_____
_____
_____

MARCO DE LA HISTORIA

AL COMIENZO

PANEL PARA PINTAR　　　　　　PANEL PARA ESCRIBIR

MAS TARDE

DESPUES

LUEGO

FINALMENTE

MARCO DE LA HISTORIA

NOMBRE _____

TÍTULO _____

AUTOR _____

```
┌─────────────────────────────────────┐
│            TEMA PRINCIPAL            │
│                                      │
│                                      │
│                                      │
└─────────────────────────────────────┘
        │
        ▼
┌──────────────┐        ┌──────────────┐
│ 1            │        │ 2            │
│              │        │              │
│              │        │              │
│              │        │              │
└──────────────┘        └──────────────┘

┌──────────────┐        ┌──────────────┐
│ 3            │        │ 4            │
│              │        │              │
│              │        │              │
│              │        │              │
└──────────────┘        └──────────────┘
```

RESUMEN DE LA HISTORIA

TÍTULO_____

COMIENZO

DESARROLLO

FINAL

TELARAÑA DE IDEAS

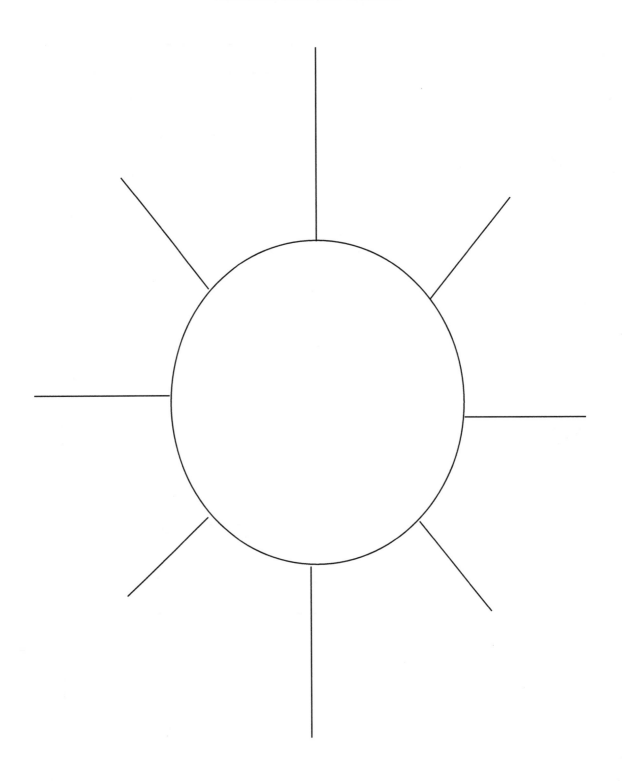

MARCO DE OPINIÓN – EVIDENCIA

OPINIÓN	EVIDENCIA EN LA LECTURA

MARCO DE PREDICCIÓN-RESULTADO-CONCLUSIÓN

PREDICCIÓN	RESULTADO	CONCLUSIÓN

CAJAS DE IDEAS

IDEA PRINCIPAL
IDEA DE SOPORTE #1
IDEA DE SOPORTE #2
IDEA DE SOPORTE #3

MARCO IMPORTANTE-INTERESANTE

DATO IMPORTANTE	DATO INTERESANTE

GUERRA CIVIL AMERICANA
1861

UNIÓN AMERICANA	ESTADOS CONFEDERADOS
ESTADOS:	ESTADOS:
LIDERES:	LIDERES:
IDEALES:	IDEALES:
CONSECUENCIAS:	CONSECUENCIAS:
MI OPINIÓN:	MI OPINIÓN:

PROBLEMA-SOLUCIÓN

PROBLEMA

¿QUIÉN? ¿QUÉ? ¿CUÁNDO?

SOLUCIÓN

1. 2. 3.

RESULTADO FINAL

LINEA DE TIEMPO

Año   <u>Evento</u>

OPINIONES ACERCA DE PERSONAJES HISTÓRICOS

Cristóbal Colón:
Rey Jaime I:
George Washington:
Thomas Jefferson:
John Adams:
Lewis y Clark:
Andrew Jackson:
James Madison:
Abraham Lincoln:
Benjamín Franklin:
Los Cherokees:
Martin Luther King:
Rosa Parks:

BIOGRAFÍA

NOMBRE: _____

PERSONAJE:
LUGAR DE NACIMIENTO:
LUGAR/ÉPOCA/TIEMPO:
OBRA/LABOR:
CONSECUENCIAS DE SU OBRA:
ÚLTIMOS DIAS/MUERTE:

TEMAS EN LA HISTORIA

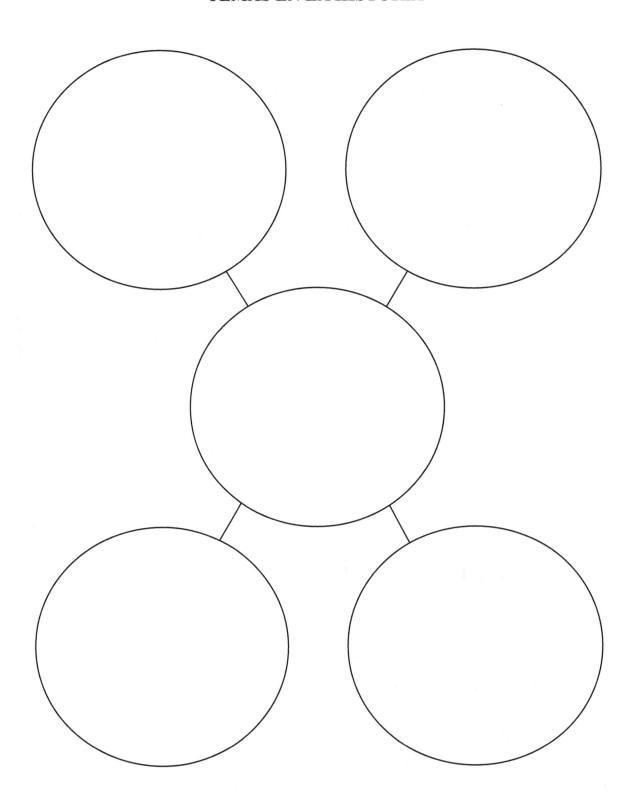

GUÍA DE PREGUNTAS

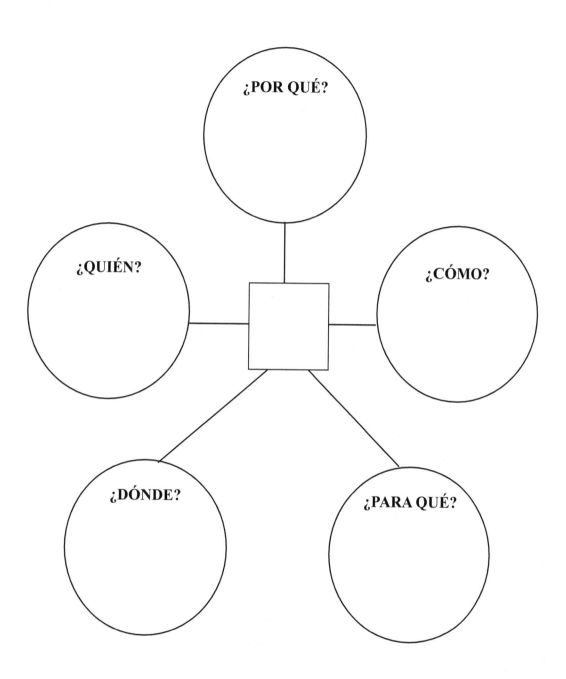

COLECCIÓN DE DATOS

REGISTRO DE LECTURA

Complételo después de leer el libro.

Nombre_____

Fecha_____

Título_____

Autor_____

Mi parte favorita de la historia fue_____

_____

_____

_____

La parte que menos me gustó de la historia fue_____

_____

_____

_____

El problema de la historia fue_____

_____

_____

_____

Las palabras que aprendí, son_____

_____

_____

Mi personaje favorito fue_____

_____

El personaje que menos me gusto fue_____

_____

Nunca me olvidare de_____

_____

Recomiendo este libro porque_____

_____

_____

_____

_____

_____

_____

GUÍA DE PROBLEMA-SOLUCIÓN

TEMA: _____

1. ¿Cuál fue el problema?	Yo pienso…
2. ¿Cuáles fueron las causas?	Yo pienso…
3. ¿Cuáles fueron los efectos?	Yo pienso…
4. ¿Cuáles fueron las soluciones?	Yo pienso…

YO VIVO EN...

Mi estado es_____

Mi estado se integró a los Estados Unidos en_____

La capital es_____

Población_____

Datos geográficos_____

Grupos de nativos_____

Símbolos:

Pájaro_____

Flor_____

Animal_____

Fruta_____

Sitios históricos_____

Datos importantes_____

Datos interesantes_____

Gobernador_____

Alcalde de mi ciudad_____

Senadores_____

Representantes_____

TARJETAS DE GEOGRAFÍA

Usando el mapa político de los Estados Unidos. Escoja un estado y cree un banco de datos. Incluya la siguiente información:

- o Capital y ciudades importantes
- o Estados que lo rodean.
- o Comparta la información.

Use un mapa político del mundo y las líneas de longitud y latitud para localizar los siguientes lugares:

- o 40 grados latitud norte, 140 grados longitud este.
- o 0 grados latitud norte 0 grados longitud sur.

Use un mapa físico del mundo y las siguientes claves para localizar esta península:

- o Está localizada al sur de Tierra del fuego.
- o Está 60 grados latitud sur.

Use un mapa político para localizar el trópico de Capricornio:

- o ¿Qué continentes cruza?
- o Nombre 5 países que atraviesa.
- o ¿Está al norte o al sur del Ecuador?

Use un globo terráqueo para contestas las siguientes preguntas:
- o ¿Por qué todas las líneas de latitud y longitud en Canadá tienen norte y oeste?
- o Localice 2 sitios en el globo que tengan líneas de latitud más no de longitud.

Use sus conocimientos sobre las zonas de tiempo en los Estados Unidos. Conteste:
- o ¿Para qué me sirven estos conocimientos si planeo viajar?
- o ¿En qué zona de tiempo vive yo?

Use un mapa del mundo para localizar el hábitat de los siguientes animales:
- o Elefante
- o Oso panda
- o Canguro
- o Cóndor
- o Águila

Use un mapa del mundo para localizar los siguientes ríos:
- o Mississippi
- o Nilo
- o Sena
- o Tajo

TARJETAS DE HISTORIA

• ¿Cuáles fueron las trece primeras colonias? • Haga una lista	• ¿Cuáles fueron los primeros grupos religiosos en América? • ¿En qué orden llegaron a América?
• ¿Por qué quisieron los colonos la libertad? • ¿Qué eventos importantes los llevaron a pelear por ella?	• ¿Qué importancia tiene George Washington? • ¿En qué fecha se escribió la declaración de Independencia?
• ¿Cuáles estados conformaron la Union Americana? • ¿Cuáles estados conformaron los estados confederados?	• ¿Qué dice nuestra constitución? • ¿Qué dice la proclamación de emancipación?
• ¿Como comenzó la revolución industrial? • ¿Cómo ayudó la maquina de vapor? • ¿En qué consiste la producción en masa?	• ¿Cómo fueron agregados Hawai, Puerto Rico y Alaska a la Union? • ¿Qué es el imperialismo?

SOPA DE LETRAS

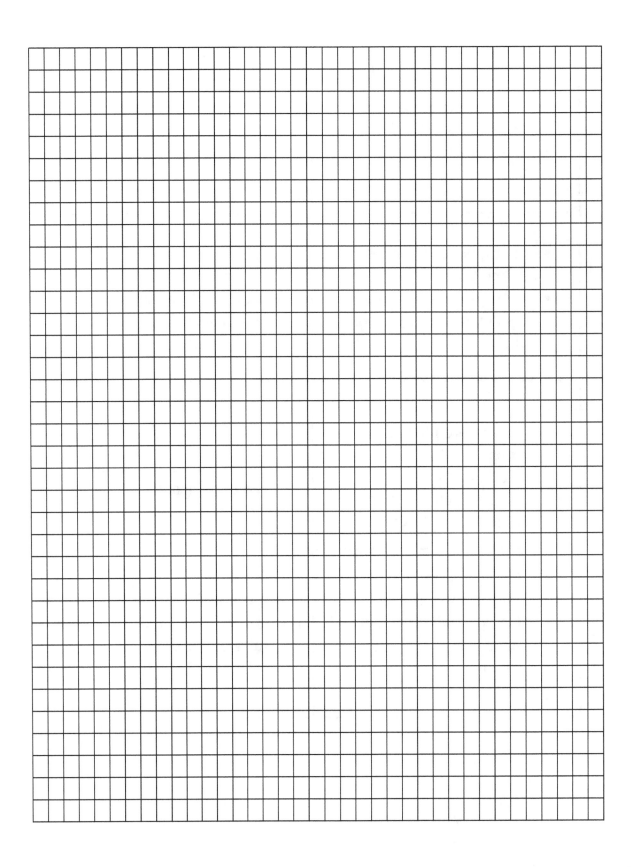

LA CHINA

¿CUÁL ES MI LEYENDA FAVORITA? ¿POR QUÉ? _____
_____
_____
_____
_____
_____
_____
_____
_____
_____
_____
_____
_____
_____
_____
_____
_____
_____
_____

COLECCIÓN DE DATOS SOBRE UN PAÍS

Nombre del país:

Capital:

Lenguajes:

Moneda:

Religión:

Datos interesantes:

Ciudades principales:

Limites:

Recursos agrícolas:

Ríos importantes:

Montañas:

Fauna:

Flora:

LOS SERES VIVOS

REINO ANIMAL

REINO VEGETAL

REINO HONGO

REINO PROTISTA

REINO MÓNERA

ANIMALES VERTEBRADOS

CLASES	EJEMPLOS	CARACTERÍSTICAS
MAMÍFEROS		
AVES		
REPTILES		
ANFÍBIOS		
PECES		

ANIMALES INVERTEBRADOS

GRUPOS	EJEMPLOS	CARACTERÍSTICAS
PORÍFERAS		
CELENTEREOS		
PLATELMINTOS O GUSANOS PLANOS		
NEMATELMINTOS O GUSANOS CILÍNDRICOS		
ANELIDOS O GUSANOS ANILLADOS		
MOLUSCOS		
EQUINODERMOS		
CRUSTÁCEOS		
ARÁCNIDOS		
INSECTOS		
MIRIÁPODOS		

SERES VIVOS Y SUS CARACTERÍSTICAS

SER VIVO	CARACTERÍSTICAS	REINO

MAPA DE CLASIFICACIÓN DE PALABRAS

CATEGORIA

PROPIEDADES

EJEMPLOS

DIBUJOS:

EL ESQUELETO

En mi cuerpo también tengo huesos.

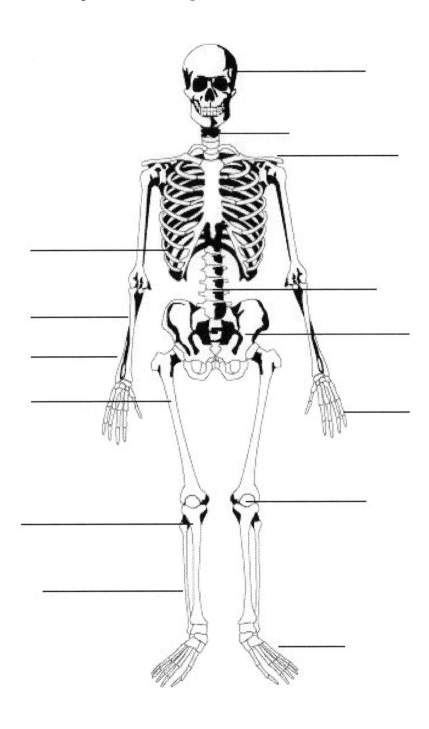

SISTEMA DIGESTIVO

¡Escríbele el nombre a cada parte del sistema digestivo!

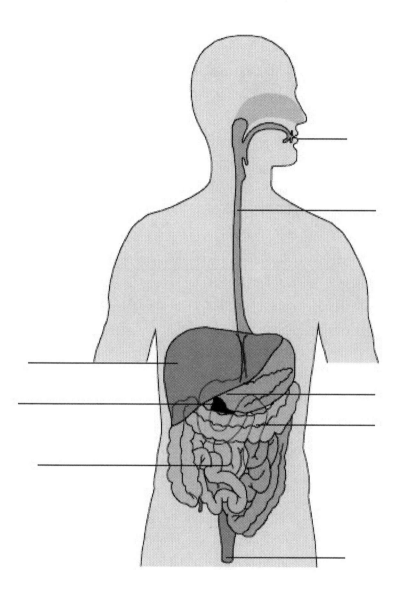

ÓRGANOS Y SU FUNCIÓN

BOCA	
ESÓFAGO	
ESTÓMAGO	
INTESTINO DELGADO	
INTESTINO GRUESO	
HÍGADO	
RIÑÓN	
CORAZÓN	
CEREBRO	
PANCREAS	
PULMONES	
VASOS SANGUINEOS	

PAN

LAS PLANTAS

PARTE DE LA PLANTA	FUNCIÓN
Raiz	

COMO SÓN LAS SUSTANCIAS

Las sustancias se encuentran en estado:

LÍQUIDO

SÓLIDO

Pueden cambiar de estado:

FUSIÓN

SOLIDIFICACIÓN

VAPORIZACIÓN

CONDENSACIÓN

SUSTANCIA	LÍQUIDA	SÓLIDA	GASEOSA
Hielo			
Agua liquida			
Nubes			

RELACIÓN ENTRE SERES VIVOS

Herbívoros: Animales que comen plantas.

Carroñeros: Animales que se alimentan de animales muertos.

Depredadores: Animales que se alimentan de otros animales. Los cazan.

Omnívoros: Animales que se alimentan de todo. Nosotros somos omnívoros.

ANIMAL	HERBÍVORO	CARRONERO	DEPREDADOR	OMNÍVORO

LAS PLANTAS

CARACTERÍSTICAS DE LOS ANIMALES

Observa y escribe las características de cada animal:

LOS SERES VIVOS

o Los seres vivos se desplazan. Caminan, nadan, vuelan, se arrastran.

o Los seres vivos habitan en lugares diferentes. Son acuáticos, o son terrestres.

o Los seres vivos se protegen de forma diferente. Tienen concha, pelo, o púas.

o Los seres vivos se alimentan de forma diferente. Plantas, insectos, u otros animales.

NOMBRE: _____

ANIMAL	HABITAT	CARACTERÍSTICAS FÍSICAS.	HABITOS Y DEFENSA	ALIMENTOS

CICLO DE VIDA

MARQUE UNA DE LAS DOS:

- o **MARIPOSA**
- o **POLILLA**

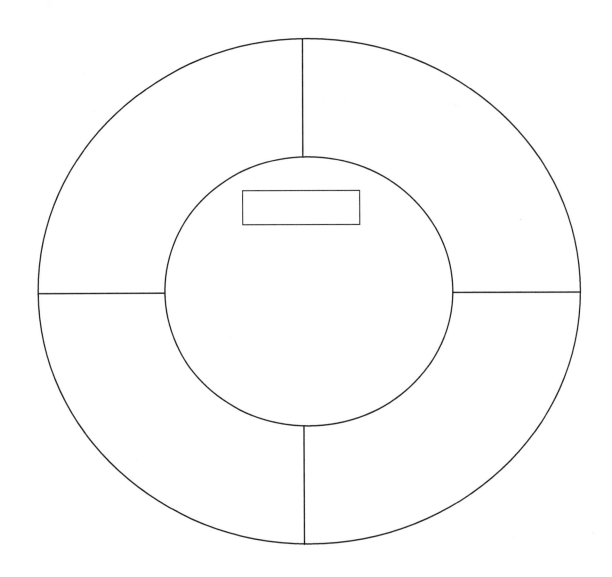

LOS ANIMALES SON SERES VIVOS

- o NACEN DE HUEVOS. SON OVÍPAROS.
- o NACEN DEL VIENTRE DE LA MADRE. SON MAMÍFEROS.

ANIMAL	COMO NACE	OVÍPARO O MAMÍFERO

ANIMALES QUE VIVEN EN LA TIERRA

NOMBRE: _____

ANIMAL	SELVA	DESIERTO	CAMPO	PLAYA	CIUDAD

ANIMALES ACUATICOS

NOMBRE: _____

ANIMAL	LAGOS	RIOS	OCÉANOS

BINGO

TABLA DE LOGROS
"Nuestro Cuerpo"

Logros	Lo alcancé	Lo estoy logrando	Estoy tratando	Necesito ayuda
Entiendo la función de mis sentidos.				
Identifico las diferentes partes de mi cuerpo				
Describo las funciones de diferentes sistemas.				
Clasifico órganos según su función.				
Entiendo que los seres vivos nacen, crecen, se multiplican y mueren.				

TABLA DE LOGROS
"Seres Vivos"

Logros	Lo alcancé	Lo estoy logrando	Estoy tratando	Necesito ayuda
Entiendo la diferencia entre un ser vivo y un ser inerte.				
Describo las características de los seres vivos				
Identifico las diferencias entre seres vivos				
Clasifico animales según sus características físicas				
Entiendo los ciclos de vida de diferentes animales				

RUEDA DE CONTROL DE LECTURA

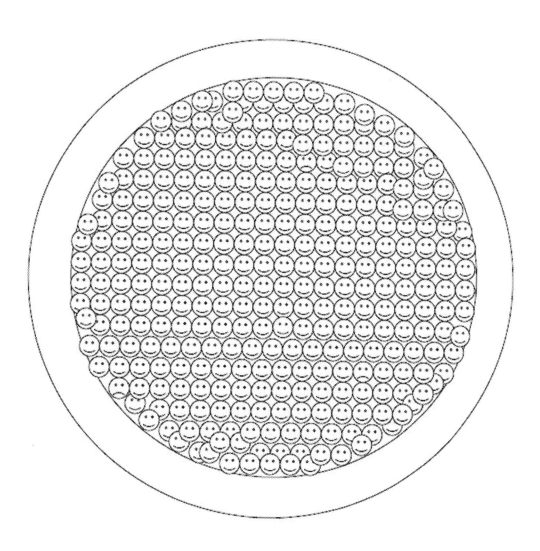

Colorea cada cara según el tema que hayas leído:

☺

○	BIOGRAFÍA	Café
○	HISTORIA	Rosado
○	ANIMALES	Amarillo
○	PAISES	Rojo
○	PLANTAS	Verde
○	GEOGRAFÍA	Azul

CPSIA information can be obtained
at www.ICGtesting.com
Printed in the USA
BVHW010744021218
534232BV00023B/10/P

9 781420 867442